JN196924

直感の学校

感じるココロの不思議

ひらめきを大切にする暮らし

串崎真志

木立の文庫

感じるココロのワンダーランドへようこそ

こんにちは。この本で初めてお目にかかります串崎真志(まさし)です。私が心理学を勉強し始めて、三十年以上が経ちました。長らくの研究テーマは〝感じるココロ〟です。最近、そのテーマを〈共感・直感・好感〉そして敏感という四つの面でとらえると据わりがよいことに気づきました。さらに、この四つをバランスよく上手に使うことで元気になるとも感じています。当ブックレットは、そんな現段階の私のひとつのまとめです。
このブックレットのユニークな特色なのですが、心理学の話が半分ぐらい、〝心理学を超えた話〟が半分ぐらいを占める構成になっています。たとえば「テレパシーはあるのか」（緑の巻）、「大いなる存在に導かれている感覚とは何か」（黄の巻）、「死後の意識はどうなるのか」（赤の巻）などを、真面目に考えてみました。

心理学を**超える**とはどういうことでしょう?
私たちはふたつの世界に住んでいると思うのです。まずは「真実は一つで、それは皆に共通する」という客観世界、そして「一人ひとり違う」という主観世界です。後者の主観世界が**お互いにつながる**瞬間を〝意味の世界〟と呼ぶならば、そこに、いわゆる精神世界や超能力が住まうのではないか、と考えて今回のブックレットの味わいのひとつとしてみました。

＊　＊　＊

そうしたことで、この《感じるココロの不思議》ブックレットは、三巻（そして別巻）で構成されています。各巻の内容を、簡単に紹介しておきましょう。

緑の巻は『共感の学校――気持ちが合う人間関係』。

気持ちが合う（合わない）という現象は、「感じるココロ」のなかでも、もっとも不思議なことです。それを〝共感〟のはたらきとして考えてみましょう。心理学による共感の定義や、気持ちが伝わるしくみから、「遠くにいる人と、気持ちがつながることはあるのか」という話題まで、広く解説していきます。

黄の巻は『直感の学校――ひらめきを大切にする暮らし』です。

読者の皆さんは、日常生活の判断や決定に、〝直感〟をどれくらい使っているでしょうか。ここでは、直感を六つ（熟達、ひらめき、第六感、エンパス、スピリチュアル、シンクロニシティ）に分類して考えていきましょう。「こういう直感もあったのか！」と驚かれることと思います。

赤の巻は『好感の学校――ポジティブ・エネルギーで生きる』。〝好感〟を「ポジティブ・エネルギーをもっていること」と捉え、そのエネルギー（日本語でいう「気」に相当するもの）の謎を考えていきましょう。目に見えない不思議な現象の数々、そして「感じるココロ」そのものの神秘にも迫りたいと思います。

そして別巻『敏感の学校――繊細少女マイの日常』は、小説です。女子高校生マイをはじめとする登場人物たちが成長していく一年間を描いたフィクションで、読むだけで元気になるようなライトノベル「繊細ココロよみもの」を目指しました。ウェブ上で、無料で読んでいただけるように、URLリンクを用意しました。各巻の奥付頁をご覧ください。

それでは、これから《感じるココロ》を共感・直感・好感という三つの面から学んでいきましょう。各巻の内容は独立しているので、お好きな巻から読んでくださって結構です。

また、このブックレットでは、各巻のどこからでも気楽に読み進めて頂けるように、ひとつのトピックを見開き二ページで解説します。皆さんが休みの日、思い思いに森や河原を散歩するように、ぷらっと楽しんでくださいますでしょうか。

room 5 からだの声を聴く

room 6 エンパス直感

room 7 導かれている感覚

room 8 生命のありかた

こんにちは

〝直感〟の学校でお目にかかる皆様へ

《感じるココロの不思議》三色ブックレット、黄の巻は『直感の学校――ひらめきを大切にする暮らし』と題しました。

読者のなかには、日常生活の判断や決定に〝直感〟をうまく採り入れている人もいるでしょう。逆に、〝直感〟を根拠のない非合理的な思考（思い込み）と捉えて、「直感に惑わされてはいけない」と考えている人もいると思います。結論をいうと、直感と理性のバランスが大切です。

本書では、心理学の科学的研究とスピリチュアルな非‐科学的視点をブレンドして、〝直感〟を六つに分類しました。すなわち、〈熟達〉直感、〈ひらめき〉直感、

「第六感」、〈エンパス〉直感、〈スピリチュアル〉直感、〈シンクロニシティ〉直感です。[1] 読者の皆さんは、「直感といっても、こんなに種類があったのか」と、まず驚くかもしれません。

ちなみに、ここでいう〈スピリチュアル〉とは、「目に見えない世界に基づく」という意味です。それを信じることで得られる直感が、あるらしいのです。検証するのではなく、信じるという話ですから、慎重に議論しなければいけません。信じる人が救われることも、足をすくわれることも、どちらもありうるでしょう。しかし、世界観や生命観を広げるためには**スピリチュアルな視点**も必要ではないか、と私は考えています。

本書の特徴は、六つの〝直感〟を耕す練習方法を紹介していることです。わざの練習、イメージの練習、瞑想や身体感覚の練習、波長を合わせる練習、自分を守る練習、導かれているという感覚を磨く練習、偶然や出会いの意味を考える練習を実践していきます。

最初のうちは、〝直感〟が「当たるか？　どうか」が気になることでしょう。しかし、練習を重ねるうちに、大切なのは自分や人を肯定するココロだ、と気づくはずです。つまり、本書が目指しているのは、直感の能力を開発することではなく、直感的な「ライフスタイル」になることです。

なお、この黄の巻では、科学的な直感を前のほうで、スピリチュアルな直感を後ろのほうで、ご紹介しています。冒頭から順を追って読むことで、直感の「客観世界から主観世界へ」と進む段階的変化を感じることができるでしょう。そのような「黄色」のグラデーションも、ぜひお楽しみください（もちろん、関心の向く「ルーム」の気になった項目から覗いて頂くのも大歓迎です）。

room 1 直感をどう学ぶか

心理学では、合理的思考（熟考）の対極にある思考スタイルを〝直感〟と定義しています。〝直感〟を普段どれくらい使うかをセルフチェックする項目や、〝直感〟を客観的に測定する指標も考案されています。それでは……《直感の学校》を始めましょう。

直感とは？
熟考とはどう違うか

〝直感〟という言葉は、さまざまな意味で使われます。

たとえば棋士の羽生善治氏は、直感を、将棋のある局面において「この手しかない」というひらめきだと表現しています。[1] また、経営学の田坂広志氏によると、直感思考は、論理思考とともに「深く考える」技法のひとつであり、意識の無限の情報源である「ゼロ・ポイント・フィールド」につながることだと言います。[2]

直感はビジネスの領域でも重視されています。オーストラリアのグリフィス・ビジネススクールのマータ・シンクレア Marta Sinclair 上級講師は、直感を「意識的な推論を用いずに直接的に知ること」と定義しました。[3]

心理学では、この「直接的に知る」という定義がよく用いられます。私は、直感の性質をよく表していると思います。

私たちはふだん、さまざまな意思決定や問題解決をおこなっています。時には、曖昧な状況や不確実な見通しで決断を迫られたり、データが十分でないにもかかわらず即決を必要としたり、プレッシャーの大きな場面もあるでしょう。そのようなときに「直感的」思考が役立つというわけです。

直感的思考の対極にあるのは「合理的」思考（熟考）です。たとえば、あなたが友だちの誕生日プレゼントとして、財布を選ぶとしましょう。

- その友だちに似合うかどうかだけを重視して、あまり深く考えずに選ぶ。
- 実用性や機能面も重視して、長く使ってもらえるかをよく考えて選ぶ。

前者なら直感で、後者なら熟考で選択しているといえるでしょう。私たちは、直感と熟考の両方をうまく使って暮らしています。

どれくらい直感的？

思考スタイル

心理学では〝直感〟を思考スタイルのひとつと捉えます。そう捉えると、直感をよく使う人もれば、そうでない人もいるという、スタイルの個人差もあります。ここでは、直感をふだんどれくらい使うかを、セルフチェックしてみましょう。[1・2]

- 自分の「予感」を信じることにしている。
- たいていの場合、人を信頼するかどうかは、直感に頼って決める。
- なぜだか理由を説明できないが、その人が「正しいか間違っているか」を、感じとることができる。
- 答えを見つけるために直感に従って、うまくいかなかったことはほとんどない。
- 人生や生活上のいろんな問題を考えるとき、直感的にやるとうまくいく。

●自分の直感に頼った方がいいときがあると思う。
●行動の指針として感情に頼りがちである。
●直感は問題を解決するのに役立つ方法だろう。
●行動を決めるとき、直感に頼ることが多い。
●直感的な印象に頼るのが好きだ。

興味深いことに、直感的に暮らすほうが「幸せ」を感じやすいようです。日本の大学生一八八名を調査したところ、直感的な思考スタイルは主観的ウェルビーングと相関〔r=.358〕していました。[3] 同様に、トルコの大学生六六一名を調査したところ、直感的な思考スタイルはハピネスと相関〔r=.221〕していました。[4] アメリカの大学生三一三一名の調査では、人生の意味（「私の人生には明確な目標意識がある」）を感じているほど、直感性が高い〔r=.21〕ことも報告されています。[5]

直感は、人生のさまざまな場面において指針になると考えられます。

人に対する直感

共感とはどう違うの

直感は、対人場面における判断にも役立ちます。日常生活で、次のようなポイントで「瞬時の判断」を迫られたことはありませんか？

- この人はどれくらい信頼できる？
- この人に会うのは、このタイミングでよい？
- この人に今、必要なのは何だろう？

第一印象、第一感、「なんとなくそう感じる」といった感覚を頼りに判断せざるを得ないこともあるでしょう。「部分は全体を表す」という言葉があります。心理学でいう「薄切り判断」の研究によると、私たちはわずかな情報から、相手の性質を瞬時に知覚することが可能です。[1]

興味深いことに、直感的な思考スタイルは〝共感性〟と関連するようです。アメリカとカナダの調査では、直感的な思考スタイルは［共感］指数（「誰かがあることを言っていても、それが別の意味であれば、すぐに察しがつく」）と、ごく弱い相関〔r=.13〕がありました。[2] 同様に、フィンランドの二七八九名の調査でも、直感的な思考スタイルは［共感］指数と相関〔r=.425〕していました。[3]

私は、特にエンパス直感〔room6〕は、共感（情動伝染＝気持ちが伝わりやすい性質）に関連していると考えています。[4]

一方で、合理的な思考スタイルが共感性と関連する、という報告もあります。アメリカの調査では、合理的な思考スタイル（「私は複雑な問題を単純な問題よりも好む」）が共感（［対人反応性］指標）と相関していました。[5] また、共感的関心を示す人ほど合理的な思考をしている、という報告もあります。[6]

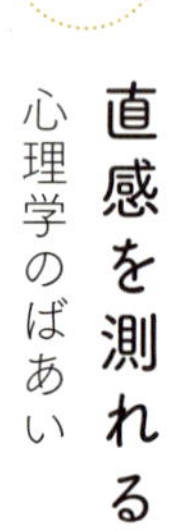

4 直感を測れるか
心理学のばあい

先の［直感的思考スタイル］指標〔room1：2〕は、〃直感〃をふだんどれくらい使うかを、セルフチェックするものでした。もう少し客観的な指標はないのでしょうか。

オーストラリアのアラン・スナイダーらは、「ドット・カウンティング課題」で直感を測定しました。[1] 画面上に五〇個から一五〇個の点を一・五秒だけ提示し、参加者はその数を直感的に把握するという課題です。左脳（側頭葉前部）の機能を磁気刺激によって弱めると、数の把握がぐんとよくなることから、アラン・スナイダーは右脳の働きが直感に関連すると考察しています。

似たものとして、画面上の多数の点が動く方向を判断するという、「ランダム・

ドット・モーション課題」もあります。[2]「直感加算課題」は、画面上の左右に数字が次々と現れるのを足していき、左右どちらの合計が大きいかを直感的に判断するものです。[3]

「意味一貫性性課題」は、言葉の関連に関するものです。[4] たとえば deep, foam, salt に関連する単語はあるかどうかを瞬時に判断します（正解は sea）。興味深いことに、chicken, egg の関連性は chicken, sparrow の関連性（どちらも鳥類）よりも強いと判断するそうです。[5] このことは、私たちの直感的判断が、客観的な分類学ではなく、主観的な意味関係を元に処理されていることを示唆します。

そして、直感的な思考スタイルの人は、合理的な思考スタイルの人に比べて、風景の写真を自由に見ているとき、視線の動きが活発になりました。[6] これは、直感的な人が、ボトムアップ処理を得意としていることを示唆します。ボトムアップ処理とは、反射的・自動的・無意識的な脳の反応です〔room8：2〕。視覚でいうと、対象のサイズ、色、レイアウトなどの要素に影響を受けやすいことになります。

room 2

どこから？どこへ？

心理学から少し離れて考えてみると、さまざまな「内なる声」を〝直感〟と呼ぶこともできます。〝直感〟は思考だけでなく、イメージや身体感覚などによっても、もたらされるのです。このような〝直感〟の広がりを見ていきましょう。

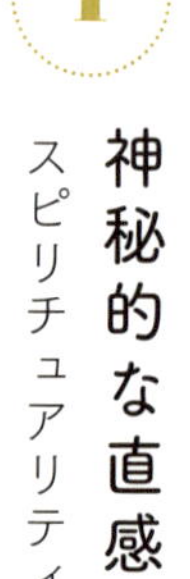

I 神秘的な直感
スピリチュアリティ

ここでは、心理学の直感研究を超えて、スピリチュアルな視点から〝直感〟を整理してみましょう。たとえばオーストラリアの作家アンジェラ・マーティン *Angela Martin* は、直感を次のように定義しています〔原書p.9〕。

- 直感は静かだけれど、同時にはっきりとした内なる声である。
- 直感とは動物的本能や、ある方向に向かうための衝動のようなものだ。
- 直感とは、私に直接話しかける神の声である。
- 直感とはいわば内的衝動の一種だ。しかし、衝動的に行動せよと言っているわけではない。
- 直感とは、どこからともなくやってくる洞察のひらめきである。

● 直感は、私の祈りに対する答えのなかで、私にやってくるものである。
● 直感とは、私を導く守護天使の声である。
● 直感とは予感、つまり「これでいいのだ」という感覚である。
● 直感とは虫の知らせである。それは私の努力なしに生じる。
● 直感とは、なぜそう思うのかわからないけれど、はっきりと何かを知ることである。

このようにマーティンは、神の声、祈り、守護天使（ガーディアン・エンジェル）の声も直感に関連するといいます。スピリチュアルな視点からは、宗教的・神秘的な経験も、直感に含めて考えるのです。

余談ですが、マーティンの本（原書も翻訳書も絶版）は、部屋に飾っておきたいぐらいすてきな装丁で、私は気に入っています。

2 どう体験するか①

考え・イメージ・感情

〝直感〟は、どのような体験によって生じるのでしょう？　受け取るものでしょうか、つかまえるものなのでしょうか。アメリカの直感エキスパートであるリン・ロビンソン *Lynn Robinson* は、直感はどのようにやってくるのかを、六つに整理しました。

①【考えによって】　次のような体験をあげています――「歩きながら、自分が感謝していることについて考えていると、気分が高まり、希望を感じました。するとマーケティングのアイディアが頭に浮かび始め、散歩が終わる前に行動計画が立っていました。そして、新しい計画を実行する数週間前までには、新しいクライアントが何人かできていたのです」〔p.49〕。

②【映像やイメージによって】　アルベルト・アインシュタインの例をあげています――「アインシュタインは、直感の力を深く信じていました。そして、自分の独創的な解法には視覚的イメージを通して受け取ったものも多いこと、自分の探し出した多くの解法が、ひげ剃りをしているあいだに浮かんできたと言っています。光線に乗っている人の映像が頭に浮かんで、それが相対性理論を生み出すきっかけとなったのです」〔p.49〕。

③【感情によって】　映画《スターウォーズ》で、ルーク・スカイウォーカーは師のヨーダに『どうやって善と悪を区別したらいいのですか？』と尋ね、ヨーダは『（ココロのなかの）平和と平穏によって、わかるだろう』と答えました〔p.52〕。またリン・ロビンソンは別の本で、「成功しそうだと直感的にピンと来る」「考えただけでもやる気がなくなる」「他よりもワクワクさせられる」なども直感だと書いています。[2]

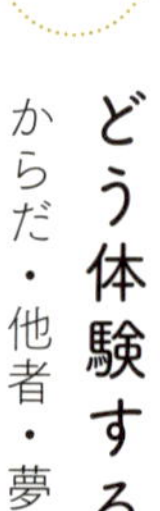

どう体験するか②
からだ・他者・夢

リン・ロビンソンはこう書いています。続きを見てみましょう。[1]

④【体の直感によって】「あなたの体は、導きをたくさん伝えてくれます。本能的な感覚について聞いたことがあるでしょう。あなたが決断を下すとき、体はどのように感じるでしょう?」〔p.52〕。そして、良くない選択をしたときに、胃に重苦しさや締め付けられる感じをもったり、自分が正しい方向に動いているときに、身震いやポジティブなエネルギーの躍動を感じるといいます。

⑤【他人によって】あなたを誰か他の人のもとへと導くことも直感だといいます――「カーラは、息子のジェイが五年生のクラスでちゃんとやっているか心配し

ていました。すると、近いうちに学校へ行って、ジェイが二年生のときの担任と会うよう強く導かれているのを感じました。カーラはその先生に家庭の問題を打ち明けました。先生は『ジェイをぜひ受け入れたい』と言ってくれました」〔p.53〕。

⑥【夢によって】　最後は、夢によって導かれる経験です。仕事を続けるかどうか、迷っていたとしましょう――「夢のなかで、私は湖で二艘のカヌーに乗っていました。そうです。片足を一艘のカヌーに、もう片方の足を別のカヌーに乗せ、それぞれのカヌーが違う方向を目指していたのです！　私は翌日、退職を願い出ました」〔p.50〕。

イギリスのスピリチュアリティ作家であるテレサ・チャン Theresa Cheung も、直感を磨くには、夢を読むことが必要だといいます。[2]「夢の筋書きが、私たちの過去・現在・未来に関するメッセージになっている場合もあります。たとえば猫の夢を見てそれを解読するには、『自分が猫について最初に思い浮かぶものはなんだろう』と考えてみましょう。そこに出てきたイメージと自分との関連に気づきやすくなります」〔p.96〕。

六つの直感
数分間のふりかえり

以上をふまえて、私は直感を六つに分類しました。

- 熟達直感
- ひらめき直感
- 第六感
- エンパス直感
- スピリチュアル直感
- シンクロニシティ直感

私たちは、これらの直感を織り混ぜて使っています。

そしてこの本では、わざの練習、イメージの練習、瞑想や身体感覚の練習、波長を合わせる練習、自分を守る練習、導かれているという感覚を磨く練習、偶然や出会いの意味を考える練習を実践していきます。

それでは、room2のまとめとして、自分を数分間ふりかえってみましょう。

- あなたにとって、直感はどのように体験されますか？　どのような形で訪れるものでしょう。例えば、イメージが浮かぶ、言葉で、夢で、体感でわかる、「ただわかる」「ただ確信する」といった感覚など。
- 直感は、自分の内側から湧いてくるものでしょうか、外側からやってくるものでしょうか？　受け取るものでしょうか、あるいはつかまえるものでしょうか？
- あなたにとって直感を得やすい状況はありますか？　たとえば、お風呂に浸かるなど。

room 3

冴えわたる判断力

ここからは六つの〝直感〟を説明していきましょう。〈熟達直感〉は、プロの運動選手や芸術家、熟練した技術者や職人たちが発揮する、卓越した瞬時の判断力を指します。心理学は、その脳のメカニズムも解明しつつあります。

熟達直感とは
自動化された処理

まずは熟達直感です。英語ではexpert intuitionといいます。

経験・習熟・熟達に伴って、判断力が冴えていくという直感を指します。

それは、いわゆる「わざ」と呼ばれる、熟練した所作・動作・技術をもとにした瞬時の判断です。自動化された瞬時の処理を特徴とします。

たとえば、町工場の金属加工の職人たちは、まったくの手作業で、非常に高い精度で製品を仕上げることができます。また、熟練した作業員たちは、目視による検品作業において、驚くほど精確に不良品を見つけることが可能です。

熟練とは少し違いますが、視覚障害の人が、エコロケーションといって、杖や舌打ちの反射音を聴いて、周囲の状況を正確に把握する現象があります。エコロケーションが可能な人は、反射音を聴いて脳の一次視覚野が活動することが報告されています。[1] まさに、脳の可塑性（神経の再配線）によって、音で「見える」ようになるのです。

私は、このような脳の可塑性も、熟達に含めてよいと考えます。

また、さまざまな職業の熟練者と初心者の脳を比較した研究があります。スポーツ選手、タクシー運転手、ミュージシャン、ダンサー、同時通訳者、鍼灸師、船員、数学者、パイロット、作家などの熟練者は、初心者に比べて、上側頭回（じょうそくとうかい）や大脳基底核（右の被殻）の容積が大きいと報告されています。[2]

創造的なアイデア
考えないほうが？

興味深いことに、ふだん合理的な思考スタイルの人が、直感的な問題解決アプローチを使うと、創造的なアイデアが生まれるようです。[1]

たとえば、「ある店舗の学生の客を増やす」という課題に対して、「何が正しいアイデアなのかを深く考えること」を避け、「直感の反応を頼りに、あるいは第一印象に基づいてアイデアを生み出す」ように促すと、創造的なアイデアが生まれました。

考えないほうがうまくいく、というのは興味深いですね。創造性に関する認知科学の研究も盛んです。[2・3・4]

興味深いことに、熟練するほど、型どおりの判断は生まれません。

たとえば、救急救命チームのベテランの消防士は、負傷している男性の布巾に広がる染みの形と位置から、すでに多量の血液が失われていると判断し、型どおりの手順や一般的な措置をいっさい省いて、男性を一刻も早く搬送することを最優先した、というエピソードがありました。[5] 目標設定も選択肢の列挙や比較もなく、ひとつの決断しか浮かばなかったようです〔p.54〕。

そもそも、合気道などで練習する「型」は、意義がわからないようにできているそうです。[6] 内田樹氏によると「型というのは、一つの『謎』として提示されているという気がします。修行者が『ああでもない、こうでもない』と悩んで、葛藤するように型ができている」〔p.212〕。「そのつどそのつどの修行者の練度に応じて、型が要求するもの、型から学び取れるものが変化してくる。そういうオープンエンドの謎として型はつくられているのだと思います」〔p.213〕。

[7]為末大氏も、『熟達論』の第二段階として「型」の重要性について説いていました。達人の境地とは、どのようなものでしょう。

アスリートの直感

大脳基底核

スポーツや音楽のエキスパートになる過程、つまり「熟達」に関する脳として、大脳基底核が注目されています。

フェンシング選手は、一般男性に比べて、大脳基底核（右の淡蒼球）の活動が高いというイタリアでの報告。[1] アイススケートの選手は、一般大学生に比べて、小脳や大脳基底核（右の尾状核）の容積が大きいという中国の報告。[2] そして、ハイスキルなサッカー選手はロースキルの選手に比べて大脳基底核（左の被殻と淡蒼球）の活動が高い、というイギリスの報告。[3] NHKの番組〈ミラクルボディ〉（二〇一四年）でも、サッカー選手シャビ・エルナンデスの脳活動を測定し、同様の結果を紹介していました。

一方で、アスリート、ダンサー、ピアニストの熟練者は、初心者に比べて、大脳基底核の活動が低いという報告もありました。[4] プロの運動選手（ランニング、武道）は、アマチュアに比べて、大脳基底核（淡蒼球）の白質結合性（異方性比率）が低いという報告もあります。[5] プロのサッカー選手は、未経験者に比べて、脳全体の結合の統合性はむしろ低いようです。[6]

これらは意外な結果です。おそらく「熟達」によって脳全体の機能分離が促進し、ネットワーク（たとえば感覚運動、視覚、デフォルトモードなど）が独立して活動することで、自動化された処理をさらに効率的にしていると考えられます。

ここで、バスケットボールのフリーショットに関する、おもしろい実験を紹介しましょう。[7] プロのバスケットボール選手、熟練の観察者（コーチやスポーツ記者）、未経験者の三群に、フリーショットのようすを撮影した映像を見て、それがゴールに入るかどうかを判断してもらいました。その結果、未経験者はボールの軌跡を見るまで判断できなかったのに対して、プロの選手はボールが手から離れる以前に予測できました。興味深いことに、プロの選手が失敗の映像を見ているとき、その指が力んでいました。つまり、映像中の選手の身体と同じように反応していたのです。

プロ棋士の直感

AIの時代へ

将棋の「熟達」もスポーツと似ています。

将棋のプロ棋士は、最善手を瞬時に導くことができます。たとえば、詰め将棋を解く（次の一手を二秒以内に決定する）ときの脳を測定したところ、大脳基底核（尾状核）が関連することが報告されています。[1]

理化学研究所（二〇一一年一月二十一日）の発表によると、将棋のプロ棋士が将棋盤面を見て、駒組を瞬時に認識するときには、頭頂葉の楔前部（けつぜんぶ）が活動するそうです。[2]

そして、次に最適な一手を導き出すときには、大脳基底核（尾状核）が活動します。

また、楔前部と尾状核が連動して活動することも明らかになりました。

これは、棋士の直感が、楔前部と尾状核を結ぶ神経回路にある可能性を示唆します。「熟練者」に固有の（アマチュアとは異なる）脳活動があるのが、興味深いですね。[3]

一方、最近の報告では、中国将棋のプロ棋士を対象にした調査によると、トレーニングの年数が長いほど、小脳（右の後葉小脳）の活動（局所均一性）が低下していました。また、一日の練習時間が長いほど、大脳基底核（右の尾状核）の活動（局所均一性）が低下していました。[4] チェス・プレーヤーは、トレーニングの年数が長いほど、視床（大脳基底核の近くにある）の活動（機能接続均一性）が低下するという報告もあります。[5]

これらは意外な結果です。おそらく「熟達」によって脳全体の機能分離が進むなかで、さらに自動化された処理になっているのでしょう。

ところで、人工知能（AI）の進歩はすさまじく、いまやプロ棋士を上回る実力をもっています。将棋AIは、二〇一七年前後から、プロ棋士たちの「研究」にも本格的に普及し、その結果、プロ棋士の棋譜は将棋AIに似てきているようです。[6]

AIの進歩は、私たちの「熟達」の過程にどう影響するのでしょうか。[7]

刑事の直感

わたしの「熟達」体験

ナショナル・ジオグラフィック制作〈ブレイン・ゲームズ *Brain Games Season4: Intuition*〉という科学番組〔二〇一四年〕で、警察官が不審な人物をどう見分けるかを紹介していました。[1]

ラスベガスのベテラン警察官が、ファストフードの駐車場で張り込んでいます。ある人物が現れ、外見は端正ですが、ゴミを車内に乱暴に捨て、こちらに気づいて視線を不自然にそらしたあと、ウィンカーをきちんと出して走り去りました。警察官はこの矛盾した行動にピンときて、検挙にいたった、というエピソードです。

そういえば、イギリスの優秀な警察官（経験十年）二七名を対象にした、直感に関するインタビューにも、同様のエピソードが多数ありました。[2]

捜査において、直感は重要です。ある実験では、殺人課の刑事が二〇枚の現場写真を、その場の考えを声に出しながら、分類してもらいました。[3] その結果、推論した内容（被害者と加害者の関係、加害者の動機など）の六七％が正確でした。

一方で、直感を補完する合理的な思考が重要だ、という立場もあります。ある実験では、イギリスとノルウェーの現役の捜査官を対象に、架空の事件（クルド人少女行方不明事件）について話し合ってもらいました。[4] その結果、熟練の捜査官（経験二十三年）は初心者（経験二年）に比べて、多くの仮説（家出、事故、病気、自殺、誘拐、殺害）を検討していました。それぞれの仮説に対して意識的に反証するように作業すると、バイアスに陥ることなく、多くの仮説を検討することにつながりました。[5]

room3のまとめとして、ふりかえってみましょう。

スポーツや芸術の上達、技術の熟練、業務の習熟に関して、自分が憧れるプロフェッショナルの名人芸や、彼らのわざの奥深さについて考えてみましょう。また、自分自身にどのような「熟達」経験があるかをふり返ってみましょう。

room 4

ひらめき直感

〈ひらめき直感〉は、しっかり考え抜いたあとに、アイディアが突然ひらめくような〝直感〟を指します。これは空想やイメージの形でやってくることが多いのです。イメージ練習によって、視覚化の上手なビジョナリーを目指しましょう。

1 アハ体験のおとずれ

準備された直感

〝直感〟は「第一感」「第六感」と呼ばれることもあります。[1,2] 先に登場したアンジェラ・マーティンは〔room2:1〕、直感のさまざまなタイプとして「ひらめき」「第六感」「シンクロニシティ」をあげています。[3]

それでは、〈ひらめき直感〉を定義してみましょう。

しっかり考え抜いたあとに、アイディアが突然ひらめくような直感を指します。空想やイメージという形でやって来ることが多いのが特徴です。アンジェラ・マーティンは、それを「準備された直感 *intuition with precedent*」と表現し〔原書 p.17〕。解決を見出そうと努力したあとに「アハ体験 *Aha-Erlebnis*」が生じる、と説明しています

〔p.18〕。
脳のしくみでいうと、右脳のはたらきが左脳のはたらきに対して優位な状態といえるでしょう。アメリカの神経科学者アラン・ショアによると、右脳は「共感、直観、創造性、心像、象徴的思考、洞察、遊び、ユーモア、音楽、思いやり、道徳、愛」に関連するそうです。[4] アンジェラ・マーティンは、右脳を「非言語データを送るはたらき」、左脳を「データを言語化するはたらき」と捉えています〔p.25〕。

ひらめき直感を耕すには、**しっかりイメージする**練習が大切です。

ふりかえってみましょう。
これまでどのような「ひらめき」や「アハ体験」があったかを、思い出してみましょう。また、スランプなどで行き詰まっているときは、〈ひらめき直感〉の前兆かもしれないと考えてみましょう。

イメージと集中
立ち上がる潜在意識

アンジェラ・マーティンは〈ひらめき直感〉の例として、次のようなエピソードをあげています。

たとえば、ある問題に数日間、取り組んでいた人に、ある日、青天の霹靂のように解決が浮かぶかもしれません。あるテーマについて没頭していた科学者や芸術家が、何も発見できないまま過ごし、後日まったく予想もしなかったときに解決に辿り着いたという多くの報告があります〔原書 p.17〕。

意識的なココロが優勢になり、論理や理性で「すり減る」ぐらいになると**チャンス**が訪れます。潜在意識（サブコンシャス）が立ち上がり、豊かなアイデアと**つながり**をもたらすのです〔p.18〕。

最近では、一流のジャズ演奏家たちの名言を分析した論文が、興味深かったです。[2] 著者はこう書いています。「過去や未来に囚われ、過去や未来を心配しながら、いわゆる考える脳で演奏すると、インスピレーション、イベント、変革につながることはほとんどない」。それゆえ、「演奏者はその場に留まること。それぞれの音に集中し、音楽の流れに留まること。そうすれば、自分の周囲で起こっていることに対して高い意識を維持し、音楽の変化に対応することができる」といいます。

これは、イメージの世界に浸るというよりも、**いま–ここに集中**するなかでアイディアを得るという感じでしょうか。スポーツでいう「ゾーン」や「フロー」を連想します。『熟達論』でいうなら、「空（くう）の世界」に相当するかもしれません。[3]〈ひらめき〉直感と〈熟達〉直感が重なる境地です。

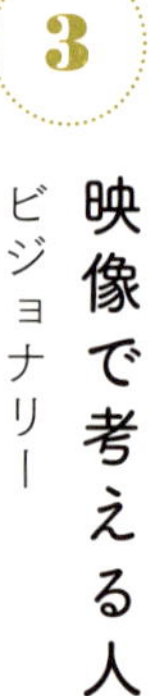

3 映像で考える人
ビジョナリー

言葉よりも映像で考える人を、〈視覚空間型〉学習者といいます。[1,2]

- 言葉で考えるのではなく、主に絵で考える。
- 方法や理由を説明できなくても、物ごとを理解できる。
- 豊かな想像力をもっている。
- 見たことは覚えているが、聞いたことは忘れる。
- 対象をいろいろな視点から視覚化できる。
- 言葉による指示よりも、地図を読む方が好き。
- 一度しか訪れたことのない場所への行き方を覚えている。
- 音楽、美術、機械に関心がある。

視覚化の上手な人を**ビジョナリー**といいます。ビジョナリーの例として、イーロン・マスク、アイザック・アシモフ、パブロ・ピカソ、スティーブン・スピルバーグ、フランク・ロイド・ライト（建築家）などがあげられます。[3] ビジョナリーは、持ち前の感覚と知性を使って新たな現実を想像・創造する、すばらしいイノベーターです。

アウグスト・ケクレ *August Kekulé* の例も有名です。[3] ケクレはベルギーのヘント *Gent* で化学の教授をしていたあるとき、ストーブの前でうたた寝をしたそうです。そして夢に、自分の尾にかみついている蛇が出てきたといいます。彼は、この示唆的なビジョンから着想を得て、炭素原子同士が鎖のように長くつながり環状構造を形成する、という発見に至りました［p.168］。

余談ですが、自閉症の人たちの創造性は、このような視覚空間処理の能力と、そこから「パターンを見つける」能力によって発揮されていると考えられます。[4]

内なる図書館

視覚化の練習

それでは、視覚化（ビジュアリゼーション）の練習をしてみましょう。

スポーツ選手のイメージ練習では、自分がベストな状態で試合に臨んでいる姿を繰り返しイメージします。将来の夢を実現したいときには、その姿をしっかり**視覚化**できることが大切です。ここでは、呼吸を整えることとセットで練習しましょう。

気持ちを楽にして、呼吸に集中しましょう。緊張を吐き出すイメージが大切です。そうすると、体がどんどん軽くなっていくはずです。心配なく、安らかに、ココロを落ち着かせ、ただそこにいることを感じてください〔原書 p.32〕。

そして、好きなイメージを思い浮かべましょう。
つぎに、〈内なる図書館〉というイメージ練習をやってみましょう。[2]

階段を下りて、自分の〈内なる図書館〉に入りましょう。思うままに好奇心を持って自由に空間を歩き回ってください。準備ができたら、どこか机の前まで行って、座ってください。そして気が向いたら、椅子から立ち上がり、あなたの直感に従って、〈内なる図書館〉のどこに引き寄せられるかを見てください。直感に任せて、一冊の本を手にしてみましょう。その本には何が書かれていますか？　探索を終えたら、部屋を出て階段を上って戻ってください。

NHK《プロフェッショナル》〔二〇〇九年〕という番組で、漫画家の井上雄彦さんを取材していました。彼は漫画の物語を生み出すときに「自分の奥を掘り」、登場人物たちが動き出すのをじっと待つと言います。いわゆる〈ひらめき〉とは違うかもしれませんが、**イメージの世界に浸る**なかでアイディアが出てくるという点では、とても〝直感〟的だと思います。

想像を広げる
遠隔視の練習

先に登場したテレサ・チャンは〔room2:03〕「想像力を伸ばすことで直感力も高まる」と書いています。[1] 彼女の紹介している練習方法は、次のようなものです〔原書p.37〕。

- おとぎ話の絵本を用意して、その絵をしばらく見つめます。
- 火を吹くドラゴン、沈む夕日、お姫様の長い髪、騎士が乗っていた馬など、物語の展開を、言葉ではなくイメージで想像しましょう。

私は、想像を広げる練習として、さまざまなカードを使うことがあります。ここでは、アメリカの精神科医ジュディス・オルロフのエンパス・カードを使ってみましょう。[2]「あなたの才能を思い出そう *Remember Your Gifts*」というタイトルのカードです[3]――「ひとりの賢者が浜辺でたたずみ、太陽を浴びながら、小舟のそばで出発の時を待っている」、そんな絵です。ここから、どのような物語が展開するでしょうか？　イメージで想像してみましょう。

つぎの練習として、遠隔視（リモート・ビューイング）に挑戦しましょう。空想や想像を視覚化するのではなく、**現実を視覚化**する練習です。

- いま―この場所から意識を飛ばして、自宅の玄関の前を視覚化しましょう。
- いつものように、ドアを開けて部屋に入ります。部屋を見回してください。何が見えますか？　もしペットがいれば、何か変わった様子はありますか？
- 玄関に戻り、郵便受けを見てみましょう。郵便物はありますか？　どんな郵便物でしょう？
- つぎに、実際に屋外に出てください。そこから肉眼で見える最も遠い場所まで、意識を飛ばしてみましょう。そこから周囲を見回してください。何が見えますか？

room 5

からだの声を聴く

〈第六感〉は、準備も過去の経験もなしに、突然、感じられ、強く確信するような〝直感〟です。身体感覚を伴い、「予感」や「虫の知らせ」という形でやって来ることが多いです。気持ちを落ち着かせ、ボディスキャンを試してみましょう。

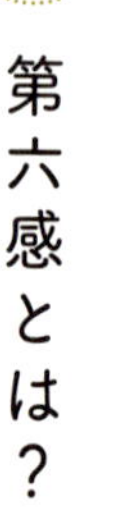

第六感とは？

六つの〝直感〟の三つめは、第六感です。

〈第六感〉は、準備も過去の経験もなしに突然、感じられ、強く確信する〝直感〟を指します。

ネガティブな感情や高まった感情のない状態で、身体感覚（胸騒ぎなど）を伴うことが多いのが特徴です。アンジェラ・マーティンはこう書いています――「準備も過去の経験もなしに、予感や虫の知らせ（ガット・フィーリング）という形でやって来る」と〔原書 p.23〕。

第六感を耕すには、瞑想または身体感覚を感じる練習がよいと思います。また、気持ちや気分を制御する練習も必要でしょう。本物の〝直感〟とは、中立的で、淡々としていて、感情の支配を受けないものです。

ウォームアップとして、いま—まさに経験していることに、注意を向ける練習をやってみましょう。[1] マーティンは「直感は注意の向け方しだいである」と書いています〔原書 p.19〕。

たとえば、ベッドから出るとき、食事を用意するとき、電話をかけるとき、支払いをするとき、日光浴をするとき、犬の散歩をするときなど、そこに**じゅうぶんにいて**、あらゆることを気づきましょう。その瞬間にいて、あなたの日常生活を生き生き過ごしましょう〔p.20〕。

身体感覚が大切

〈第六感〉に伴う身体感覚には、どのようなものがあるのでしょうか。

リン・ロビンソンは〔room2:02〕つぎのようなエピソードを紹介しています〔p.56〕。

新規のクライアントと仕事を始めようとしていたときのことです。条件は申し分なかったのですが、なぜか胃が重いような違和感が私を襲いました。結局、その仕事は辞退することにしました。その後、仕事仲間から「そのクライアントは筋金入りのクレーマーで、ものすごく難しいお客さんだ」という話を聞きました。頭では引き受けようと思ったのですが、身体のほうが正しい判断をしたということですね。

このように、悪い予感であれば、胸騒ぎ、鳥肌、身震い、胃が重い、背筋が凍る、といった体の変化が生じるでしょう。ここで難しいのは、〃直感〃としての胸騒ぎと、自分のなかの単なる不安を、どう区別するかということです。A・マーティンは「直感は、ネガティブであれポジティブであれ、**感情はチャージされない**」といいます[2]〔p.58〕。

真の直感は中立的で、淡々としています。あなたが心配や不安や興奮を感じることは、あとになってあるかもしれませんが、直感的思考の真っただなかでは、生じません。

つまり、ふだんから気持ちをフラットにしておかないと、〈第六感〉と不安を区別しにくいようです。

ふりかえってみましょう。

あなたの〈第六感〉の経験をふり返ってください。どのような身体感覚を伴うか、思い出してみましょう。良い予感のときの身体感覚は、どうなりますか？

3

理性もはたらかせて

自分の気持ちを安定できてこそ、第六感〔胸騒ぎ〕と不安を区別できるのです。これについては、A・マーティンの「行くべきか、留まるべきか」というエピソードが参考になります[1]〔原書 p.59〕。

カーラは他の州まで旅行に行く荷造りしながら、胸騒ぎがしたので *felt agitated*、「自分の直感の力に波長が合ったのかしら」と思いました。でも、自分を落ち着かせて、何日か出かけるときに、いつもどう反応していたかと考えてみました。一日以上出かけるときは、いつも胸騒ぎを少し感じていました。このことを自分で認めると、感情をとりあえず横に置くことができました。すると、「行くべきではない」という直感的な感覚は、まったく起こりませんでした。

つまり、身体から受けとったメッセージが「真の直感なのか、それ以外の何かなのか」を知るためには、理性と、直感を、ともにはたらかせる必要があるのです〔p.57〕。

あなたの直感的能力は、とても価値があります。しかし直感を使って、理性と論理の能力を排除すると決めるのは、知性にだけ頼ることになって、限界があるでしょう。実際は、自覚していようといまいと、あなたは両方を使っているのです。直感的なメッセージを言語によって表現し、自分がわかるように解釈することによって、あなたは左脳を動かして、右脳の体験を翻訳しているのです。

〝直感〟はビジネスの領域でも重視されています。ビジネスのアイデアを生み出すのは「肌感覚」とひらめきである、という論文もありました。[2] アイデアをビジネスに展開させるには、右脳（観・感・勘）と左脳（ロジック）のキャッチボールが大切だといいます。

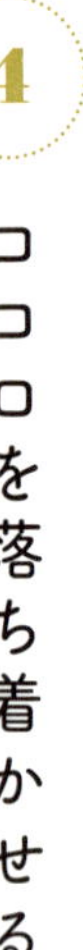

4 ココロを落ち着かせる

第六感を耕すには、気持ちを落ち着かせることが第一です。以下は、A・マーティンがお薦めする、最もシンプルな瞑想法です[1]〔原書p.31〕。

①のんびりした気分になる。
②自分のココロ（マインド）を落ち着かせる。
③静寂（サイレンス）を心地よく感じるようになる。
④そして最初のかすかな「ささやき」たち、つまり直感に集中する。

ココロが落ち着いたら、ボディスキャンを試してみるとよいでしょう[2]。

●注意の対象を、足先から頭に向かって順に移動させながら、それぞれの感覚をありのままに感じてみましょう。
●もし、ある部位で不快感があっても、それにとらわれずに、注意を次に移動させてください。
●できれば、それぞれの部位で生じる心の反応（気持ち）に気づいてみましょう。それを落ち着いて観察できると、なにか変化が生じるかもしれません。

ちなみに、**ボディスキャン**は、マインドフルネス瞑想（マインドフルネス・ストレス低減法）においても、「自分の体を感じる練習」として取り入れられています。[3]
そして近年、脳の機能が瞑想によって変化することも明らかになりました。[4・5・6] 関心のある人はぜひ読んでみてください。

5 腹、皮膚そして鼻の話

直感に関する部位として、私は腹・皮膚・鼻という三つの部位を重視しています。

【腹】「腹の虫が収まらない」「虫の居所が悪い」というように、私たちは気持ちの源を「腹」（の虫）に譬えることがあります。また、予感がすることを「虫の知らせ」といったりします。英語でも gut feelings といいます。ちなみに、腹（おへその下のあたり）は、東洋医学で「丹田」といって、あらゆる健康の源とされています。つまり、お腹の感覚は**自分が進む指針**になります。

【皮膚】「肌で感じる」「肌が合わない」というように、感覚的に合うか合わないかをよく知っているとされます。恐怖や感動は「鳥肌が立つ *goose bumps*」といいます。

気難しいは thin-skinned で表します。つまり、皮膚には、自分の**感情を知る**ヒントがあるのです。

【鼻】 勘が鋭い様子を「鼻が利く」「嗅ぎ分ける」「何か匂う」などと言いますね。英語でも sensitive nose と表現します。つまり鼻は、自分にとっての**価値を判断する**手がかりになるのです。

それでは、意識(注意)を身体に向ける練習をしてみましょう[p.100]。

- 自分の意識を、体の中心(お腹のあたり)に集めます。そこに力をこめてください。「パワーが集まってきている」とイメージしてください。ランプに火が灯る感じです。
- 集めた力が広がって、「全身の皮膚の表面を覆う」ようにイメージしてください。マントをかぶるような感じです。しっかり身につけましたか?
- そして鼻に意識を向けます。新鮮な空気が体のなかに入ってくるのを感じましょう。

room 6

エンパス直感

〈エンパス直感〉は、人や場所のエネルギーを察知することで得られる直感です。まるでオーケストラの響きを聴くように、さまざまな情報を得ることができます。相手の波長に積極的に合わせたり、相手の負のエネルギーから自分を守ったりする練習をしましょう。

1

まわりのエネルギー

六つの直感の四つめは、エンパス直感です。

他者のエネルギーを感じることで得られる〝直感〟を指します。

〈エンパス〉は人や場所のエネルギーを感じるのが特徴です。私はこれを日本語の「気」に近いものだと考えています。エンパスは、他者の感情をまるでスポンジのように吸収したり、他者の身体的な状態をまるで自分の身体のように感じたりします。[1]心理学の用語でいうなら、《情動伝染》のかなり強い人たちといえるでしょう。[2・3]

エンパス直感を耕すには、相手のエネルギーを感じる練習が必須です。特に、エネルギーを受動的に吸収するだけでなく、積極的に**波長を合わせる**練習が必要になります。また、相手の負のエネルギーから**自分を守る**練習も大切です。

アメリカの直感ミディアムであるシャーリー・マーゴリスは、エネルギーを次のように説明します[4]〔p.24〕。

この目に見えないエネルギーを感じる能力こそ直感なのです。それは私たちみんなを結びつけている生命力（ライフ・フォース）に触れることで機能します。すべての生き物、植物、石、海や川、星、そして私たちが呼吸している空気すら、そのなかにパワーとエネルギーをもっています。私たちはみんな同じ素材の一部なので、ひじょうに深いところではみんな結ばれているのです。

エンパスが感じるエネルギーは、映画《スターウォーズ》でいう「フォース」なのかもしれません。

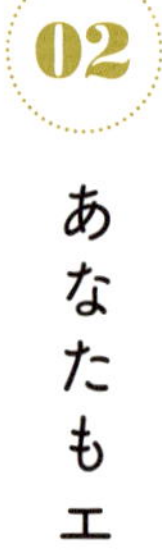

あなたもエンパスさん？

〈エンパス〉さんとは、どのような人をいうのでしょうか。アメリカの作家アニータ・ムアジャーニは、つぎのような例をあげています[1]。

- 体調が悪い人のそばにいると、自分も彼らと同じ症状を感じてしまう。吐き気や頭痛、寒気などがする。
- 誰かの隣にいると、それが誰であっても、どこであっても、相手の思考を自分のものと間違えることがある。
- ときどき、自分のものでない感情に圧倒されることがある。道を歩いていて、突然、悲しみの波に襲われたり、ものすごく苛ついたり、喜びの高まりを感じたりする。
- 古着を着るのが苦手。以前の所有者のエネルギーを感じてしまい、自分ではないように感じる。
- 特定の地理的場所にいると、以前そこにいた人たちの感情が押し寄せてくるように感じることがある。
- 食べ物のエネルギーが感じられ、それが自分にエネルギーを与えるものか、奪うものかがわかる。
- 自然のなかにいると、大きな安らぎや落ち着きを感じる。

ふりかえってみましょう。

- エンパスでいう「他者のエネルギー」を感じた経験はありますか？
- 誰かのエネルギーを感じてみましょう。その人に波長を合わせてみてください。そのとき何を、どんなふうに感じられるでしょうか？
- そこから、どんな〝直感〟を得られるでしょうか？

3

波長を合わせて

アメリカのスピリチュアル教師であるソニア・ショケットも、直感的なヒーラーです。[1,2]
彼女の「積極的に波長を合わせる」方法を、少し長いですが紹介しましょう。[3]

まず第一に、わたしはビジュアルがない方が好きです。何もいらないのです。ただ、あなたのコアとなる周波数、あなたという魂の周波数を、音符のように、音楽のように見つけたいのです。そして、ダイヤルを合わせて、その音楽を見つけると、わたしは感じ始めるのです。湖に石を投げ入れると、波紋が広がっていくようなものです。石は、わたしとのつながりです。そして、その波紋を追いかけ始めるのです。

そして、エネルギーフィールドを読み解き、なにが調和していて、本来の自分を強化し、なにが不協和音で、なにが邪魔をして、自分を遠ざけ、自分らしさを放棄させるのかを見極めます。そして、さらに詳しく調べます。すべて短時間で出来ます。でも、わたしはこれをずっと続けているので、まるでオーケストラのようです。さらに見ていくと、あなたのフィールドに、なにが移動しているのかが見えてきます。だから、人によってはこれを予測的な部分と考えるかもしれません。

わたしはこれを予測的な部分とは呼ばず、確率的な部分と呼んでいます。なぜなら、あなたには常に創造的な選択肢があるからです。わたしは、あなたの方向に引き寄せられているエネルギーをスキャンし始めます。そのなかには、あなたが出しているエネルギーの鏡であるものもあります。あるものは、あなたが遭遇するように誘った、細胞レベルのレッスンです。これは一種の全体同時観察です。でもわたしは、直線的な左脳から見ているのではなく、衛星のように、上空に浮かんで全体を観察しているのです。

ここでいうエネルギーは比喩です。彼女は周波数を合わせ、オーケストラの響きを聴くように上空から観察する、と譬えています。

4

エネルギーのバランス

エンパスが扱うエネルギーには、正のエネルギーと負のエネルギーがあります。
負のエネルギーには、つぎのようなものがあります。

- 恐れ・不安
- 怒り・悔しさ
- 抑うつ・無気力
- 投げやり・荒んだ
- 妬み・やっかみ・敵対心
- 恨み・憎しみ・呪い
- 邪悪・残虐・堕落

もし、自分のなかに〈負のエネルギー〉があるなら、まずそのことを認めましょう。じつは〈負のエネルギー〉もセンサーとして役立ちます。自分のなかのエネルギーを正8：負2、あるいは正7：負3程度でバランスをとることは、まったく問題ありません。

つぎに、〈負のエネルギー〉が自分のなかに思わず生じたときも、「ココロを落ち着かせる」ワーク〔room5：4〕を実践して、そのまま認めましょう。そうすれば、それ以上に大きくなることはありません。

そして、もし他者の〈負のエネルギー〉に気づいたときは、まず「それに汚染されない」という強い意志をもちましょう。そして、次に示すように、体をそむける——白い光で取り囲む——自分の波動を高くする——白い光を送る、祈る、という四ステップを実行します。

負のエネルギーから守る

次の四ステップで練習しましょう。

［体をそむける］

好ましくないエネルギーから身を守る方法は、実際に体をそむけてしまうことです。呼吸しながら体をそむけ、胃の辺りで腕を組めば、効果があるでしょう[1]〔p.83〕。

［白い光で取り囲む］

直感を用いようとするときに自分を守る方法がいくつかあります。まずはじめに、自分がいる場所のまわりを白い光が取り囲んでいると想像してください[2]〔p.48〕。

［自分の波動を高くする］

自分自身をココロの目で見てください。ココロの底から幸せで満ち足りていて、あなたの毎日が光で満ちているとイメージしましょう。この状態にある自分をしっかり想像してください[3]〔原書 p.51〕

［白い光を送る、祈る］

わたしはヨガ教室へ出かけ、瞑想していた。すると、すぐ近くに強いネガティブなエネルギーを感じる。その女性が周りのメンバーに文句を言いはじめた。別の場所に移動しようかとも思ったが、わたしは目を閉じてココロのなかで彼女に光を送った。さんさんと光を降り注いだ。二分ぐらいするとこの女性は急に立ち上がり、離れていった。彼女はポジティブなエネルギーに同化するのではなく、去ることを選んだ。光を受け入れる準備をできていなかったのだろう[4]〔p.149〕。

room 7

導かれている感覚

〈スピリチュアル直感〉は、自分を超える「大いなる力」によって導かれる直感、〈シンクロニシティ直感〉は、「偶然」や「出会いの意味」を考えることで得られる直感を指します。それらに自分が導かれている、という感覚を磨くことが大切です。

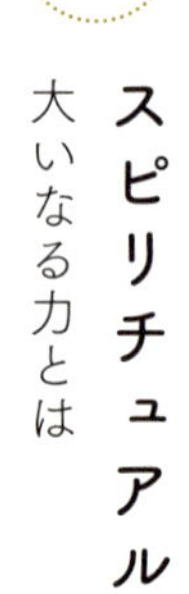

1 スピリチュアル直感
大いなる力とは

六つの直感の五つめは、スピリチュアル直感です。

〈スピリチュアル直感〉は、自分を超える大いなる力によって導かれる直感を指します。大いなる力とは、たとえば神、宇宙意識 *Universal consciousness of goodness* 、スピリット・ガイドたち、ガーディアン・エンジェルズ、ハイヤー・セルフなどです。それらが「いつも自分を導いて、守って、気づきを与えている」という信念やライフスタイルをもつことによる〝直感〟です。

スピリチュアル直感は、根拠のない、突然の強い直感として感じられることが多いのが特徴です。必ずしも、神やスピリット・ガイドたちの声やイメージで得られるわけではありません。体験としては、〈ひらめき直感〉〈第六感〉〈エンパス直感〉と区別がつかないこともあります。

スピリチュアル直感を耕すには、「自分がそれらに導かれている」という感覚を磨くことが効果的だと思います。

アメリカのスピリチュアル・ミディアムであるレベッカ・ローゼンは、自分を超える大いなる力について、次のように説明しました。[1]

●直感はあなたの内にある性質で、集合的叡智 collective wisdom（源 source、神、宇宙などと呼ぶ人もいる）に通じています。直感とつながると、深い智慧や気づきに触れ、視野が開けていきます〔p.86〕。

●ココロのなかで、あなたのスピリット・ガイドたちを呼び、必要に応じてあなたを導き守ってくれるように求めましょう〔p.147〕。

ポジティブな力
神・宇宙意識・スピリット

「神」について（リン・ロビンソン）[1]

神はすべての人の人生にポジティブな力 *positive force* として存在します。生命の源 *source of life*、愛、神のエネルギー *divine energy*、スピリット、生命の可能性 *life potential*、宇宙の知性 *universal intelligence*、天使などと捉えます〔p.29〕。

「宇宙意識」について（シャー・マーゴリス）[2]。

宇宙の意識は私たちの一人ひとりのココロの内にあり、直感を用いることで導きを求めることができるのです〔p.30〕。

心理学者のなかには、直感とは私たちがすばやく決断できるように脳が提供する、経験に基づいた近道にほかならないと言う人がいます。しかし、私は直感とはそれよりはるかに大きい知恵のプール、つまり全宇宙の知恵に私たちをつないでくれるものだと確信しています〔p.41〕。

「スピリット」について（テレサ・チャン）[3]

スピリットという考え方には異論もあるかもしれませんが、肉体の外に存在する意識がスピリットという形を借りて現れるにすぎないということです。スピリットは、あなたがなんらかの導きを求めているときに、案内役になってくれます〔p.116〕。

「ハイヤーセルフ」について（ソニア・ショケット）[4]

あなたとハイヤーセルフを結ぶホットラインは、祈りです。祈りはあなたの波動を高め、より多くの光を体に導き入れ、ココロの中心を開いてくれます〔pp.142-143〕。

いのちの歌とは

魂の羅針盤

「自分を導く大いなる力」は日本人の感覚でいうと、どうなるでしょう。神様、仏様、お天道様、天命、天啓などでしょうか。あるいは〝いのち〟と云ってもよいかもしれません。

もし、自分を導く大いなる力を感じにくいときは、村松崇継：作曲／竹内まりや *Miyabi*：作詞の〈いのちの歌〉〔二〇〇九年〕を聴いてみてください。〝いのち〟は、そのままで懸命に生き延びようとします。懸命に生き延びようとするときに、〝いのち〟は輝くのです。〝いのち〟が輝くときに、可能性が開花します。

したがって、「魂の羅針盤」というものがあるとするならば、それをいつもポジティブな方向に向けておくことが重要だと思います[1]。ここでいう、**魂の羅針盤**は、気分・情動の変化と異なることに注意してください。

レベッカ・ローゼンは、私たちがこの世の課題に取り組むことは「魂の進化」につながる、と書きました。[2]

私たちは皆、魂を進化させるためにここにいるのです。それぞれのやり方で、大なり小なり他者のために生きること。掛け替えのない自分の個性に気づき、活かし、人のために生きることで、地球全体のエネルギーも癒されていくのです〔p.320〕。

もうひとつ。

「自分を導く大いなる力」として、**愛**や**慈悲**をあげることもできるでしょう。アメリカのサイキック・ミディアムであるローラ・ジャクソンは、愛こそ「あちらの世界 *the other side*」の通貨だと書いていました。[3] エンパス〔room6〕の感じるエネルギーの源は、愛なのかもしれません。

もちろん、魂を信じるかどうか、「あちらの世界」を前提に生きるかどうかは、皆さんの信念やライフスタイルにお任せするしかありません。

シンクロニシティ直感
偶然と出会い

ここまでを整理してみましょう。

〈熟達直感〉(わざの練習)、〈ひらめき直感〉(イメージの練習)、〈第六感〉(瞑想と身体感覚の練習)は、科学的根拠(エビデンス)がある練習といえます。

しかし、残りの〈エンパス直感〉〈スピリチュアル直感〉〈シンクロニシティ直感〉を耕すには、そのような世界観・生命観にココロを開き、信じているかどうかが鍵になります。

信じることで得られる〝直感〟があるというのも、不思議です。

ここで改めて気をつけたいことは、アメリカの心理学者デヴィッド・マイヤーズが指摘するように、どのような〝直感〟にも誤りやバイアスがあることです。

このことをじゅうぶんにふまえる必要があります。

それでは最後に、シンクロニシティ直感を説明していきましょう。

〈シンクロニシティ直感〉は、偶然や出会いの意味を考えることで得られる直感を指します。

その特徴は、偶然の出来事に気づかされ、教えられることにあります。

〈シンクロニシティ直感〉を耕すには、偶然や人との出会いにココロを開き、その意味について考えてみましょう。たとえば、苦しいことがあっても、天の配剤、神の計らいと考えて、取り組んでみましょう。また、魂の成長というものがあるとして、それを目指すとすれば、あなたは何をする必要があるでしょうか？

それを考えてみましょう。


ふりかえってみましょう。

あなた自身のシンクロニシティの経験を思い出してみよう。それによって、どんなことを気づかされたでしょうか？

世界に内在する調和

誰かに呼ばれて

深層心理学のカール・ユングは、偶然のように見えて、より深い意味をもつ出来事を〈シンクロニシティ〉と名づけました。アンジェラ・マーティンは次のような例をあげています。[1]

- 誰かについて考えていて、そのあとすぐに、その人にばったり会った。
- 旧友に電話することを思い出したら、相手のほうから電話がかかってきた。
- まったく思いがけない場所で、知人に偶然、出くわした。
- ココロに悩みを抱えていたときに、ラジオまたはテレビをつけた瞬間、答えを思いがけず得られた〔原書 p.24〕。

また、マーティンが「私の名前を呼んでいる」と名づけたエピソードは、シンクロニシティの典型例といえます。[2]

エイミーは数年前、重要な決断を迫られていました。気持ちは混乱し、圧倒されて、とりあえず散歩に出かけました。歩きながら、落ち着こうとして、「なんとか答えは見つかる」と自分に言い聞かせました。そのとき、老夫婦が私の前を散歩していました。彼らを追い越そうとしたとき、その夫が妻に『とにかくやってみなさい、エイミー。君にとって最高のことじゃないか』と言ったのです。私にとって、そのメッセージは明らかでした〔原書p.22〕。

あなたの周囲の世界に注意をもっと払うようになると、あなたの意識は拡大していくでしょう。以前はあなたの注目を免れていたすべての物事が、いまや、よりはっきりと見えてくるでしょう。つまり、そのような出来事は私たちに、世界に内在する調和 *inherent harmony in the world* を思い起こさせてくれるのです〔原書p.21〕。

room 8

生命のありかた

最後に、心理療法における〝直感〟の使い方について考えておきましょう。それは、自分自身と患者の「内なる真実」に波長を合わせることです。また、動物たちの不思議な生態にみられるような、「生命」の直感的なありかたに触れることでもあります。

臨床的直感とは？

room8では、臨床的直感について考えてみましょう。

《臨床的直感》は、対人援助職としての直感を指します。私たち対人援助職は、上述した六つの〝直感〟をさまざまに織り混ぜて使っていると思われます。

最初に、医療における直感的意思決定の研究を紹介しましょう。

ハンガリーの医師と看護師〔四六〇名〕をオンラインで調査しました。その結果、全体の四〇％が、直感的な意思決定に頼ったことがあると回答しました。さらに、直感的意思決定についての教育を受けているほうが、医学的プロトコルから逸脱する傾向が少ないこと、自分の心理的過程をふりかえる傾向が多いこと、自分の意思決定に多くの情報を頼る傾向があることも明らかになりました。

つまり、医療現場においても、直感の要素があったほうが、より適切な判断につながるというのです。少し意外かもしれません。このように〝直感〟研究に関心が高まっています。

心理療法における臨床的直感については、歴代の心理療法家たち、ジークムント・フロイト〔1856-1939〕、カール・ユング〔1875-1961〕、ウィルフレッド・ビオン〔1897-1979〕、カール・ロジャーズ〔1902-1987〕、エリック・バーン〔1910-1970〕が言及してきました。[2・3・4・5]

アメリカの心理療法家テリー・マークス＝タロウは、〝直感〟の研究者として有名です。彼女は直感を「直接的に教えることはできないけれども耕すことが可能な潜在学習や潜在記憶 *implicit learning and memory*」だと捉えています。[6]

そうです。これは、経験・習熟・熟達に伴って判断力が冴えていくという〈熟達直感〉なのです。

2 直感の庭を手入れする

一方で、T・マークス＝ターロウはこう書いています。[1]

> セラピストはセッションの一瞬一瞬に浸りながら、患者との情動、エネルギー、情報の自然な流れ *natural flows* に直感的に従っている。セラピストの知覚や反応が、自分の存在の中心核から暗黙的かつ直感的に発せられるほど、自分自身と患者の内なる真実に波長を合わせることができる〔p.393〕。

さらに彼女は、理想的で直感的なセラピストは「暗黙的なモードと明示的なモードを柔軟に行き来している」といいます。つまり、ボトムアップで生じる感覚・身体・情動の最初の体験と、熟慮や創造的洞察といったトップダウンで生じるモードのあいだを、柔軟に移動するというわけです〔p.393〕。
そして彼女は、直感を伸ばすことを、植物を育てるイメージで捉えました〔p.393〕。

自分の直感的な庭 *intuitive gardens* を手入れするには、精神科医ダニエル・シーゲル *Daniel Siegel* が言うところの自己同調 *self-attunement* が必要だ。セラピストが自分自身に同調すると、ふだんは他者に向けている関心、共感、ケアを、自分自身の内側に向けられるようになる。（一方で）患者が身体化された直感的な能力に注意を向けると、自己覚知 *self-awareness* を高め、独自の視野を開発するというフィードバックループのネットワークが形成される。

つまり、セラピストであれ誰であれ、自分を深く感じることが大切です。自分の個人史、特別な課題、特別な才能についてふりかえり、洞察を得るように努めましょう。直感は、このことを通してもっとも発揮できる、というわけです。

3

生命の知恵としての直感

私は動物が好きで、動物たちの生態に関心があります。彼らの生き方は、なにより神秘と不思議がいっぱいです。私は特に鳥が好きなので、たとえば、渡り鳥たちが全地球測位システム（GPS）をもたずに、どうやって大陸間を数千キロも移動できるのか、とても知りたいです。

最近の研究によると、ナビゲーションの手がかりは、嗅覚、天体、地磁気など、マルチモーダルなシステムになっているようです。[1] 鳥（ヨーロッパヨシキリ）の地磁気の感知能力はとても高く、柔軟に補正できることが報告されています。[2] 一方で、ある種の鳥（ヨーロッパコマドリやニワムシクイ）は地磁気を利用していない可能性もあるらしい。[3] また、成鳥は幼鳥に比べて、人工光源に惑わされにくいなど、洗練された渡りをできることも明らかになってきました。[4]

移動するのは鳥だけではありません。ミツバチやチョウ（オオカバマダラ）もそうですし、[5]人類も、GPSのない時代から、海や陸を移動してきました。[6]動物たちのナビゲーション能力を知ることは、私たちのそれを解明することでもあるでしょう。[7]このような学問を「認知生態学」と呼ぶそうです。[8]

人間には**ふりかえる意識**（アクセス意識）があります。[9]それゆえ、直感を自覚し、伸ばすこともできます。しかし、動物たちはそのような自覚（メタ認知）がむずかしい。[10]つまり、動物たちの不思議な生態は、生命の〝直感〟的なありかた *intuitive way of life* そのものを示していると思うのです。

私はときどき京都市の鴨川を散歩して、そこに集まる鳥たちと会話します。そうすることで、私のなかにある直感という生命の知恵を確認できます。

文献

こんにちは

1 串崎真志 (2023)『エンパスのための直感を耕すレッスン』特定非営利活動法人 ratik が初出である。

room1 直感をどう学ぶか

1 直感とは？

1 羽生善治 (2012/2020)『直感力』ＰＨＰ研究所

2 田坂広志 (2020)『直観を磨く——深く考える七つの技法』講談社

3 Sinclair, M., & Ashkanasy, N.M. (2005). Intuition: Myth or a decision-making tool? *Management Learning*, 36, 353-370. https://doi.org/10.1177/1350507605055351

2 どれくらい直感的？

1 Pacini, R., & Epstein, S. (1999). The relation of rational and experiential information processing styles to personality, basic beliefs, and the ratio-bias phenomenon. *Journal of Personality and Social Psychology*, 76, 972-987. この Experientiality Scale（二〇項目）から、逆転項目と "I trust my initial feelings about people" を除いた10項目を

掲載した。

2 内藤まゆみ・鈴木佳苗・坂元章 (2004)「情報処理スタイル（合理性 - 直観性）尺度の作成」パーソナリティ研究 13, 67-78.

3 向居暁・中本朋花 (2023)「死後の世界を信じる若者が幸せな理由 (1)——情報処理における直感性の媒介効果の検討」日本認知心理学会第21回大会発表論文集 (pp.56-56)

4 Heintzelman, S.J., & King, L.A. (2016). Meaning in life and intuition. *Journal of Personality and Social Psychology, 110*, 477-492. https://doi.org/10.1037/pspp0000062

5 Tingaz, E.O., Hazar, M., Baydar, H.Ö., Gökyürek, B., & Çakiroglu, T. (2018). A comparative study of students' happiness levels and thinking styles in physical education and sport teaching, and other departments, in Turkey. *International Journal of Higher Education, 7*, 163-170. https://eric.ed.gov/?id=EJ1182183

3 人に対する直感

1 串崎真志 (2021)『共鳴する心の科学』風間書房

2 Newton, C., Feeney, J., & Pennycook, G. (2023). On the disposition to think analytically: Four distinct intuitive-analytic thinking styles. *Personality and Social Psychology Bulletin*, 01461672231154886. https://doi.org/10.1177/01461672231154886

3 Svedholm-Häkkinen, A.M., & Lindeman, M. (2017). Intuitive and deliberative empathizers and systemizers. *Journal of Personality, 85*, 593-602. https://doi.org/10.1111/jopy.12263

4 串崎真志 (2023)「誰かをふと思い出す傾向と情動伝染との関連」関西大学心理学研究 14, 1-12.

5 Martingano, A.J., & Konrath, S. (2022). How cognitive and emotional empathy relate to rational thinking: Empirical evidence and meta-analysis. *The Journal of Social Psychology, 162*, 143-160. https://doi.org/10.1080/00224545.2021.1985415

6 Mayukha, A., Andrade, I., & Cone, J. (2020). Opposing contributions of psychologically distinct components of empathy to empathic accuracy. *Journal of Experimental Psychology: General, 149*, 2169-2186. https://doi.org/10.1037/xge0000768

4 直感は測れるか

1 Snyder, A., Bahramali, H., Hawker, T., & Mitchell, D.J. (2006). Savant-like numerosity skills revealed in normal people by magnetic pulses. *Perception, 35,* 837-845. https://doi.org/10.1068/p5539

2 Lufityanto, G., Donkin, C., & Pearson. J. (2016). Measuring intuition: Nonconscious emotional information boosts decision accuracy and confidence. *Psychological Science, 27*, 622-634. https://doi.org/10.1177/0956797616629403

3 Tsetsos, K., Chater, N., & Usher, M. (2012). Salience driven value integration explains decision biases and preference reversal. *Proceedings of the National Academy of Sciences, 109,* 9659-9664. https://doi.org/10.1073/pnas.1119569109

4 Remmers, C., & Zander, T. (2018). Why you don't see the forest for the trees when you are anxious: Anxiety impairs intuitive decision making. *Clinical Psychological Science, 6*, 48-62. https://doi.org/10.1177/2167702617728705

5 Maldei, T., Baumann, N., & Koole, S.L. (2020). The language of intuition: A thematic integration model of intuitive coherence judgments. *Cognition and Emotion, 34(6)*, 1183-1198. https://doi.org/10.1080/02699931.2020.1736005 6

6 Chen, W., Ruan, R., Deng, W., & Gao, J. (2023). The effect of visual attention process and thinking styles on environmental aesthetic preference: An eye-tracking study. *Frontiers in Psychology, 13*, 1027742. https://doi.org/10.3389/fpsyg.2022.1027742

room2 直感はどのようにやってくるのか

1 神秘的な直感

1 Martin, A. (2002). *Practical intuition: Practical tools for harnessing the power of your instinct*. New York: Barnes and Noble Books. ／森村あこ訳 (2006)『直感を磨けば人生はうまくいく』実業之日本社

2 どう体験するか ①

1 Robinson, L.A. (2012). *Divine intuition: Your inner guide to purpose, peace, and prosperity*. San Francisco, CA: Jossey-Bass. ／桑野和代訳 (2007)『直観力レッスン』ハート出版

2 Robinson, L.A. (2006). *Trust your gut: How the power of intuition can grow your business*. Chicago, IL: Kaplan Publishing. ／本田健訳 (2008)『人生のすべてを決める鋭い直感力』三笠書房

3 どう体験するか ②

1 L・ロビンソン／桑野和代訳 (2007)『直観力レッスン』ハート出版

2 Cheung, T. (2015). *Working with sixth sense: Practical ways to develop your intuition*. Vacaville, CA: Bounty Books. ／日和士枝美訳 (2008)『第六感を活かす』ガイアブックス

room3 熟達直感

1 熟達直感とは

1 Thaler, L., & Goodale, M.A. (2016). Echolocation in humans: An overview. *Wiley Interdisciplinary Reviews: Cognitive Science, 7*, 382-393. https://doi.org/10.1002/wcs.1408

2 Wu, H., Yan, H., Yang, Y., Xu, M., Shi, Y., Zeng, W., ... & Wang, N. (2020). Occupational neuroplasticity in the human brain: A critical review and meta-analysis of neuroimaging studies. *Frontiers in Human Neuroscience, 14*, 215. https://doi.org/10.3389/fnhum.2020.00215

2 創造的なアイデア

1 Dane, E., Baer, M., Pratt, M.G., & Oldham, G.R. (2011). Rational versus intuitive problem solving: How thinking "off the beaten path" can stimulate creativity. *Psychology of Aesthetics, Creativity, and the Arts, 5*, 3-12. https://doi.org/10.1037/a0017698
2 諏訪正樹 (2016)『「こつ」と「スランプ」の研究――身体知の認知科学』講談社選書メチエ
3 阿部慶賀 (2019)『創造性はどこからくるか――潜在処理、外的資源、身体性から考える』共立出版
4 横地早和子 (2020)『創造するエキスパートたち――アーティストと創作ビジョン』共立出版
5 W・ダガン／杉本希子・津田夏樹訳 (2010)『戦略は直観に従う――イノベーションの偉人に学ぶ発想の法則』東洋経済新報社
6 佐藤友亮 (2017)『身体的知性――医師が見つけた身体と感情の深いつながり』朝日新聞出版
7 為末 大 (2023)『熟達論――人はいつまでも学び、成長できる』新潮社

3 アスリートの直感

1 Cordani, C., Preziosa, P., Gatti, R., Castellani, C., Filippi, M., & Rocca, M.A. (2022). Mapping brain structure and function in professional fencers: A model to study training effects on central nervous system plasticity. *Human Brain Mapping, 43*, 3375-3385. https://doi.org/10.1002/hbm.25854
2 Zhang, K., Liu, Y., Liu, J., Liu, R., & Cao, C. (2021). Detecting structural and functional neuroplasticity in elite ice-skating athletes. *Human Movement Science, 78*, 102795. https://doi.org/10.1016/j.humov.2021.102795

3 Bishop, D.T., Wright, M.J., Jackson, R.C., & Abernethy, B. (2013). Neural bases for anticipation skill in soccer: An fMRI study. *Journal of Sport and Exercise Psychology, 35*, 98-109. https://doi.org/10.1123/jsep.35.1.98

4 Yang, J. (2015). The influence of motor expertise on the brain activity of motor task performance: A meta-analysis of functional magnetic resonance imaging studies. *Cognitive, Affective, & Behavioral Neuroscience, 15*, 381-394. https://doi.org/10.3758/s13415-014-0329-0

5 Chang, Y.K., Tsai, J.H.C., Wang, C.C., & Chang, E.C. (2015). Structural differences in basal ganglia of elite running versus martial arts athletes: A diffusion tensor imaging study. *Experimental Brain Research, 233*, 2239-2248. https://doi.org/10.1007/s00221-015-4293-x

6 Li, J., Huang, M., Cao, Y., Qin, Z., & Lang, J. (2023). Long-term intensive soccer training induced dynamic reconfiguration of brain network. *Neuroscience, 530*, 133-143. https://doi.org/10.1016/j.neuroscience.2023.08.020

7 Aglioti, S.M., Cesari, P., Romani, M., & Urgesi, C. (2008). Action anticipation and motor resonance in elite basketball players. *Nature Neuroscience, 11*, 1109-1116. https://doi.org/10.1038/nn.2182

4 プロ棋士の直感

1 Wan, X., Nakatani, H., Ueno, K., Asamizuya, T., Cheng, K., & Tanaka, K. (2011). The neural basis of intuitive best next-move generation in board game experts. *Science, 331*, 341-346. https://doi.org/10.1126/science.1194732

2 万小紅ほか (2011). https://www.riken.jp/press/2011/20110121/

3 中谷裕教・伊藤毅志・勝又清和・川妻庸男・大熊健司 (2018)『「次の1手」はどう決まるか——棋士の直観と脳科学』勁草書房

4 Liang, D., Qiu, L., Duan, X., Chen, H., Liu, C., & Gong, Q. (2022). Training-specific changes in regional spontaneous neural activity among professional Chinese chess players. *Frontiers in Neuroscience, 16*, 877103. https://doi.org/10.3389/fnins.2022.877103

5 Song, L., Yang, H., Yang, M., Liu, D., Ge, Y., Long, J., & Dong, P. (2022). Professional chess expertise modulates whole brain functional connectivity pattern homogeneity and couplings. *Brain Imaging and Behavior, 16*, 587-595. https://doi.org/10.1007/s11682-021-00537-1

6 齋藤雅史・伊藤毅志 (2022)「将棋 AI がプロ棋士の棋譜に与えた影響——定量的分析からの考察」ゲームプログラミングワークショップ 2022 論文集（情報処理学会）, 159-166.

7 伊藤毅志編 (2023).『ゲームＡＩ研究の新展開』オーム社

5 刑事の直感

1 *Brain Games* (Season 4 Episode 10) Intuition

2 Akinci, C., & Sadler-Smith, E. (2020). 'If something doesn't look right, go find out why': How intuitive decision making is accomplished in police first-response. *European Journal of Work and Organizational Psychology, 29*, 78-92. https://doi.org/10.1080/1359432X.2019.1681402

3 Wright, M. (2013). Homicide detectives' intuition. *Journal of Investigative Psychology and Offender Profiling, 10,* 182-199. https://doi.org/10.1002/jip.1383

4 Fahsing, I., & Ask, K. (2016). The making of an expert detective: The role of experience in English and Norwegian police officers' investigative decision-making. *Psychology, Crime & Law, 22,* 203-223. https://doi.org/10.1080/1068316X.2015.1077249

5 Fahsing, I., Rachlew, A., & May, L. (2023). Have you considered the opposite? A debiasing strategy for judgment in criminal investigation. *The Police Journal, 96, 45-60.* https://doi.org/10.1177/0032258X211038888

room4 ひらめき直感

1 アハ体験のおとずれ

1 Gladwell, M. (2005). *Blink: The power of thinking without thinking*. Boston, MA: Little Brown and Company. ／沢田博・阿部尚美訳 (2006).『第1感――最初の2秒の「なんとなく」が正しい』光文社
2 Rezaei, N., & Saghazadeh, A. (Eds.). (2019). *Biophysics and neurophysiology of the sixth sense*. Cham, Switzerland: Springer Nature Switzerland.
3 A・マーティン／森村あこ訳 (2006).『直感を磨けば人生はうまくいく』実業之日本社
4 Schore, A.N. (2019). *The development of the unconscious mind*. New York: W.W.Norton. ／筒井亮太・細澤仁訳 (2023).『無意識の発達』日本評論社

2 イメージと集中

1 A・マーティン／森村あこ訳 (2006)『直感を磨けば人生はうまくいく』実業之日本社
2 Reynolds, N. (2023). Charting the spiritual experience in jazz. *Religions, 14,* 842. https://doi.org/10.3390/rel14070842
3 為末大 (2023)『熟達論――人はいつまでも学び、成長できる』新潮社

3 映像で考える人

1 Silverman, L.K. (2002), *Upside-down brilliance: The visual-spatial learner*. Denver, CO: DeLeon Publishing.
2 Grandin, T. (2022). *Visual thinking: The hidden gifts of people who think in pictures, patterns, and abstractions*. New York: Penguin Random House. ／中尾ゆかり訳 (2023)『ビジュアル・シンカーの脳』ＮＨＫ出版
3 Marchesani, C. (2021). *Four gifts of the highly sensitive: Embrace the sensitivity, heal anxiety and relationships, and con-*

nect deeply with your world. Carlsbad, CA: Hay House. ／和田美樹訳（2021）『繊細さんの四つの才能』SBクリエイティブ

4 Baron-Cohen, S. (2020). *The pattern seekers: How autism drives human invention.* New York: Basic Books. ／篠田里佐訳（2022）『ザ・パターン・シーカー』化学同人

4 内なる図書館

1 A・マーティン／森村あこ訳（2006）『直感を磨けば人生はうまくいく』実業之日本社

2 Marks-Tarlow, T. (2014). *Awakening clinical intuition: An experiential workbook for psychotherapists.* New York: W.W. Norton.

5 想像をひろげる

1 T・チャン／日和士枝美訳（2008）『第六感を活かす』ガイアブックス

2 Orloff, J. (2021). *The empath's empowerment deck:52 cards to guide and inspire sensitive people.* Boulder, CO: Sounds True.

3 https://drjudithorloff.com/the-empaths-empowerment-deck-52-cards-to-guide-and-inspire-sensitive-people/

room5 第六感

1 第六感とは

1 A・マーティン／森村あこ訳（2006）『直感を磨けば人生はうまくいく』実業之日本社

2　身体感覚が大切

1　L・ロビンソン／本多健訳 (2008)『人生のすべてを決める鋭い直感力』三笠書房
2　A・マーティン／森村あこ訳 (2006)『直感を磨けば人生はうまくいく』実業之日本社

3　理性もはたらかせて

1　A・マーティン／森村あこ訳 (2006)『直感を磨けば人生はうまくいく』実業之日本社
2　内田和成 (2022)「直感とビジネスモデル――行動変容に結びつかないイノベーションは自己満足に過ぎない」マーケティングジャーナル 41, 6-17.　https://doi.org/10.7222/marketing.2022.017

4　ココロを落ち着かせる

1　A・マーティン／森村あこ訳 (2006)『直感を磨けば人生はうまくいく』実業之日本社
2　山本和美 (2021)「マインドフルネスのアプローチ――身体から心へ」心身医学 61, 522-527.　https://doi.org/10.15064/jjpm.61.6_522
3　J・カバットジン／春木豊・菅村玄二訳 (2013)『四枚組のCDで実践するマインドフルネス瞑想ガイド』北大路書房
4　Hanson, R. (2009). *Buddha's brain: The practical neuroscience of happiness, love, and wisdom.* Oakland, CA: New Harbinger. ／菅 靖彦訳 (2019)『ブッダの脳』草思社
5　Hanson, R. (2011). *Just one thing: Developing a Buddha brain one simple practice at a time.* Oakland, CA: New Harbinger. ／影山幸雄訳 (2019)『脳を鍛えてブッダになる五二の方法』サンガ
6　Davidson, R.J. (2012). *The emotional life of your brain.* New York: Plume Book. ／茂木健一郎訳 (2013)『脳には自分を変える「六つの力」がある』三笠書房

5　腹、皮膚そして鼻の話

1　串崎真志(2020)『繊細すぎてしんどいあなたへ』岩波ジュニア新書

room6　エンパス直感

1　まわりのエネルギー

1　Orloff, J. (2017). *The empath's survival guide: Life strategies for sensitive people*. Boulder, CO: Sounds True. ／桜田直美訳(2019)『共感力が高すぎて疲れてしまうがなくなる本』SBクリエイティブ

2　串崎真志(2023)「エンパス傾向とセルフケア」関西大学人権問題研究室紀要 86, 21-30.

3　串崎真志(2024)「エンパス傾向とセルフケア(2)」関西大学人権問題研究室紀要 87, 1-10.

4　Margolis, C. (2008). *Discover your inner wisdom: Using your intuition, logic, and common sense to make your best choices*. New York: Simon & Schuster. ／村山寿美子訳(2007)『直感のちから』小学館プロダクション

2　あなたもエンパスさん?

1　Moorjani, A. (2022). *Sensitive is the new strong: The power of empaths in an increasingly harsh world*. New York: Enliven Books. ／奥野節子訳(2022)『繊細さはこれからの時代の強さです』ナチュラルスピリット

4　波長を合わせて

1　Choquette, S. (2022). *Trust your vibes: Live an extraordinary life by using your intuitive intelligence, Revised edition*. Carlsbad, CA: Hay House. ／奥野節子訳(2006)『第六感ひらめきと直感のチャンネルを開く方法』ダイヤモンド社

2　Choquette, S. (2007). *The intuitive spark: Bringing intuition home to your child, your family, and you*. Carlsbad, CA:

3 Hay House. ／吉田利子訳（2008）『子育てのスピリチュアル・ルール』ダイヤモンド社
3 Sonia Choquette (2022). YouTube (1min./10sec.-2min./53sec.) https://youtu.be/NUgXBWzCJZg

5 負のエネルギーから守る

1 S・ショケット／奥野節子訳（2006）『第六感ひらめきと直感のチャンネルを開く方法』ダイヤモンド社
2 C・マーゴリス／村山寿美子訳（2007）『直感のちから』小学館プロダクション
3 A・マーティン／森村あこ訳（2006）『直感を磨けば人生はうまくいく』実業之日本社
4 Rosen, R. (2010). *Spirited: Connect to the guides all around you.* New York: HarperCollins. ／みずさわすい訳（2012）『スピリテッド』ナチュラルスピリット

room7 導かれている感覚

1 スピリチュアル直感

1 R・ローゼン／みずさわすい訳（2012）『スピリテッド』ナチュラルスピリット

2 ポジティブな力

1 L・ロビンソン／桑野和代訳（2007）『直観力レッスン』ハート出版
2 C・マーゴリス／村山寿美子訳（2007）『直感のちから』小学館プロダクション
3 T・チャン／日和士枝美訳（2008）『第六感を活かす』ガイアブックス
4 S・ショケット／奥野節子訳（2006）『第六感ひらめきと直感のチャンネルを開く方法』ダイヤモンド社

3　いのちの歌とは

1　Robinson, L.A. (2003). *Compass of the Soul: 52 Ways intuition can guide you to the life of your dreams.* Kansas City, MO: Andrew McMeel Publishing.
2　R・ローゼン／みずさわすい訳 (2012)『スピリテッド』ナチュラルスピリット
3　Jackson, L.L. (2015). *The light between us.* New York: Spiegel and Grau. ／ラッセル秀子訳 (2017)『魂の呼び声に耳をすまして』早川書房

4　シンクロニシティ直感

1　D・マイヤーズ／岡本浩一訳 (2012)『直観を科学する』麗澤大学出版会

5　世界に内在する調和

1　D・マイヤーズ／岡本浩一訳 (2012)『直観を科学する』麗澤大学出版会
2　A・マーティン／森村あこ訳 (2006)『直感を磨けば人生はうまくいく』実業之日本社

room8　生命のありかた

1　臨床的直感とは?

1　Ruzsa, G., Szeverenyi, C., & Varga, K. (2020). Person-and job-specific factors of intuitive decision-making in clinical practice: Results of a sample survey among Hungarian physicians and nurses. *Health Psychology and Behavioral Medicine, 8*, 152-184.　https://doi.org/10.1080/21642850.2020.1741372
2　Stickle, M., & Arnd-Caddigan, M. (2019). *Intuition in psychotherapy: From research to practice.* New York: Routledge.

3 Arnd-Caddigan, M. (2021). *Intuition in therapeutic practice: A mind-centered depth approach for healing*. New York: Routledge.

4 Arnd-Caddigan, M., & Stickle, M. (2018). A psychotherapist's exploration of clinical intuition: A review of the literature and discussion. *International Journal of Integrative Psychotherapy, 8*, 79-102.

5 Arnd-Caddigan, M. (2019). Clinical intuition and the non-material: An argument for dual aspect monism. *Journal of Religion & Spirituality in Social Work: Social Thought, 38*, 281-295.

6 Marks-Tarlow, T. (2014). *Awakening clinical intuition: An experiential workbook for psychotherapists*. New York: W.W. Norton.

2 直感の庭を手入れする

1 Marks-Tarlow, T. (2014). Clinical intuition at play. *American Journal of Play, 6*, 392-407.

3 生命の知恵としての直感

1 Flack, A., Aikens, E.O., Kölzsch, A., Nourani, E., Snell, K.R., Fiedler, W., ... & Williams, H.J. (2022). New frontiers in bird migration research. *Current Biology, 32*, R1187-R1199. https://doi.org/10.1016/j.cub.2022.08.028

2 Kishkinev, D., Packmor, F., Zechmeister, T., Winkler, H.C., Chernetsov, N., Mouritsen, H., & Holland, R.A. (2021). Navigation by extrapolation of geomagnetic cues in a migratory songbird. *Current Biology, 31*, 1563-1569. https://doi.org/10.1016/j.cub.2021.01.051

3 Chernetsov, N., Pakhomov, A., Davydov, A., Cellarius, F., & Mouritsen, H. (2020). No evidence for the use of magnetic declination for migratory navigation in two songbird species. *PLoS One, 15*, e0232136. https://doi.org/10.1371/journal.pone.0232136

4 Åkesson, S., Bakam, H., Martinez Hernandez, E., Ilieva, M., & Bianco, G. (2021). Migratory orientation in inexperienced and experienced avian migrants. *Ethology Ecology & Evolution, 33*, 206-229.　https://doi.org/10.1080/03949370.2021.1905076

5 D・バリー／熊谷玲美訳 (2022)『動物たちのナビゲーションの謎を解く――なぜ迷わずに道を見つけられるのか』インターシフト

6 M・オコナー／梅田智世訳 (2021)『道を見つける力――人類はナビゲーションで進化した』インターシフト

7 M・ボンド／竹内和世訳 (2022)『失われゆく我々の内なる地図――空間認知の隠れた役割』白揚社

8 Kashetsky, T., Avgar, T., & Dukas, R. (2021). The cognitive ecology of animal movement: Evidence from birds and mammals. *Frontiers in Ecology and Evolution, 9*, 724887.　https://doi.org/10.3389/fevo.2021.724887

9 Naccache, L. (2018). Why and how access consciousness can account for phenomenal consciousness. *Philosophical Transactions of the Royal Society B: Biological Sciences, 373*, 20170357.　https://doi.org/10.1098/rstb.2017.0357

10 中尾央・後藤和宏 (2015)「メタ認知研究の方法論的課題」動物心理学研究 65, 45-58.　https://doi.org/10.2502/janip.65.1.1

また会いましょう

いかがでしたでしょう?
この本で見つめてきた六つの〝直感〟は、つぎのようなものでした。

●熟達直感(わざの練習)／●ひらめき直感(イメージの練習)／●第六感(瞑想と身体感覚の練習)／●エンパス直感(波長を合わせる練習、自分を守る練習)／●スピリチュアル直感(導かれているという感覚を磨く練習)／●シンクロニシティ直感(偶然や出会いの意味を考える練習)

〈熟達〉直感については、自分の趣味や習い事がどのように上達していくのか、その過程を自分でふり返り、自分なりのコツを記録していくことが鍵になります。「わざの世界」に開かれると思います。〈ひらめき〉直感は、ものごとに行き詰まったり、課題に集中して取り組んだあとに生じやすいので、そのような緩急のリズムを毎日の生活のなかで大切にしましょう。加えて、上手に想像できるように「視覚的」なイメージ練習をお勧めします。〈第六感〉は身体感覚に結びついた**勘**なので、シンプルな瞑想でココロを落ち着かせながら、腹部・胸部・皮膚(肌)・鼻などに注意を向け、感覚を磨いてください。

また、〈エンパス〉直感に関して、波長を合わせたり自分を守る練習は、人や場所のエネルギー(気)を感じることが基本になります。たとえば、私たちは相手の表情(正面)から気持ちを読み取りますが、後ろ姿(背面)だとむずかしいですね。もし相手の背中を見て気持ちを察知できるなら、それは相手の**エネルギー**を感じていることになると思います。ぜひ試してみてください。

〈スピリチュアル〉直感や〈シンクロニシティ〉直感は、自分を導く**大いなる力**を想定した直感です。これを練習で体感するのはむずかしいのですが、たとえば「自分は何らかの価値を実現するという課題をもって、この世に生まれてきた」と考えてみたり、「自分の現在の生き方は、人生のミッションに沿っているか」と振り返ってみるとよいかもしれません。そして、「ふと目に入った言葉、ココ口に浮かんだ言葉やビジョンが、もしかしたら自分を導く重要な情報かもしれない」と思うと、毎日の生活を少し違ったふうに体験できるはずです。

大切なのは、〝直感〟の能力開発ではなく、「直感的なライフスタイル *intuitive way of life*」です。私はそれを、つぎの九つのポイントで整理しました〔room6:1――文献3〕。

①エネルギーを調整すること。
②五感と夢から知恵を得ること。
③生命や世界とつながること。
④潜在力を伸ばすこと。
⑤瞑想すること。
⑥日々の心がけやレッスンを大切にすること。
⑦探索的・発見的な態度を忘れないこと。
⑧スピリチュアリティの探究。
⑨心の安定。

これらの直感的なライフスタイルが、自己や他者を肯定するココロ――〝好感〟（ポジティブ・エネルギー）につながっていることを、実感していただければ幸いです。

最後になりますが、執筆の貴重な機会をくださった、木立の文庫・津田敏之さんにココロからお礼を申し上げます。京都駅の近所の居酒屋で津田さんに『気が合うことの心理学』の続きをシリーズにしてみませんか？」と、直感的に提案していただかなければ、本書は実現しなかったことでしょう。人生には、思いもよらないことがあるものです。

二〇二三年一一月

串崎真志

《感じるココロの不思議》別巻

『敏感の学校』

――繊細少女マイの日常――

別巻では、繊細な人びとの豊かな世界を、小説（ライトノベル）でお楽しみください。次の URL リンク（QRコード）にアクセスすると、ログイン・会員登録など無しで、無料でお読みいただけます。

https://sites.google.com/view/sensitivegirl/

お手にとってくださった皆様へ

このたびは“三色”ブックレット《感じるココロの不思議》を手にとってくださり、ありがとうございます。

唐突ですが、私は動物が大好きで、いまは文鳥を二羽（ハナちゃん、モカちゃん）育てています。文鳥の寿命は7年ほどなので、人間の年齢でいうと一ヵ月に1歳ずつ大きくなります。一週間で3ヶ月も歳をとるわけですね。そんなことを想像しながら見ていると、不思議とココロがつながり、鳥と会話できるようになりました。「主観世界」（意味の世界）に入ることで、共感・直感・好感が研ぎ澄まされ、さまざまなことがつながり、広がっていくわけです。このような“感じるココロ”のワンダーランドを、できるだけ「客観世界」の言葉で語ってみたい。そういう動機で本書を執筆しました。このブックレットが、皆様の“意味の世界”の理解に少しでも役立つことができますなら、幸いです。

私と編集者の津田敏之さん〔木立の文庫〕は、銭湯を通じての同好の士です。今回の本づくりの始まりは、京都市内の銭湯に一緒に立ち寄った帰りに、一杯飲みながら『串崎さん、ユニークな企画を考えませんか？』と声をかけてもらったことでした。私はちょうど、大学院で〈共感〉に関する授業をしていたので、『じゃあ、その内容から編んでみましょう！』となりました。そこから思いがけずアイディアが広がり、上記のような趣旨に光をあてて、当ブックレットの三テーマを据えることになりました。

造本デザイナーの寺村隆史さん、イラストレーター坂本伊久子さんのお力尽くしで、こうした“飾っておしゃれ、読んでココロ休まる”すてきな本に仕上がりました。感謝を申し上げます。

著者紹介

串崎真志（くしざき・まさし）

1970年生まれ、大阪大学大学院人間科学研究科修了、博士（人間科学）。

同志社女子大学専任講師を経て、現在、関西大学文学部教授・心理学研究科長。訳書（監修）に『感じやすいあなたのためのスピリチュアル・セルフケア』〔金剛出版, 2024年〕など。

感じるココロの不思議 直感の学校
ひらめきを大切にする暮らし

2024年 9 月30日　初版第 1 刷印刷
2024年10月10日　初版第 1 刷発行

著　者　串崎真志

発行者　津田敏之
発行所　株式会社 木立の文庫
京都市下京区
新町通松原下る富永町107-1
telephone 075-585-5277
faximile 075-320-3664
造本・組版　寺村隆史
イラスト　坂本伊久子
印刷製本　モリモト印刷株式会社
ISBN978-4-909862-39-6 C1011

感謝と優しさと祈り――
未知なるエネルギーの散歩道

room 1
エネルギー心理学

room 2
神秘体験

room 3
超常体験

room 4
超常現象信念

room 5
意識はどこに？

room 6
夢、また夢

room 7
サイ現象

room 7
ポジティブ・エネルギー

感じるココロの不思議 赤の巻

好感の学校

ポジティブ・エネルギーで生きる

串崎真志［著］

四六変形判／丸フランス装／132頁　◉**定価1,540円**（税込）

ISBN978-4-909862-40-2

離れた人と“気持ちがつながる”
瞬間… ありませんか？

room 1
気持ちが合うココロ

room 2
共感することの難しさ

room 3
気持ちが伝わるしくみ

room 4
共鳴と癒しのヒミツ

room 5
共感力をアップする

room 6
伝わるしくみの謎

room 7
テレパシーはある？

感じるココロの不思議 **緑の巻**

共感の学校

気持ちが合う人間関係

串崎真志［著］

四六変形判／丸フランス装／148頁　◉**定価1,540円**（税込）

ISBN978-4-909862-38-9

精神療法でわたしは変わった 2

「よい子」の危うさ

増井武士:著／神田橋條治:解説
四六変型判並製144頁　定価1,760円
2024年7月刊　ISBN978-4-909862-36-5

マンガ ねこの言いぶん

もしもしカウンセラーが耳を傾けたら

菅 佐和子:作／おがわさとし:画／竹宮惠子:寄稿
A5判並製146頁　定価1,980円
2024年6月刊　ISBN978-4-909862-35-8

サブカルチャーのこころ

オタクなカウンセラーがまじめに語ってみた

笹倉尚子・荒井久美子:編著／坂本伊久子:挿画
四六変型判並製384頁　定価2,420円
2023年5月刊　ISBN978-4-909862-29-7

素顔のアスリート

生きづらさと共感　四つの物語

中島登子:編　四六変型判並製152頁　定価1,780円
2021年5月刊　ISBN978-4-909862-19-8

バンヤンの木の下で

不良外人と心理療法家のストーリー

池見 陽&エディ・ダスワニ:著
新書判並製400頁　定価1,980円
2020年10月刊　ISBN978-4-909862-15-0

（価格は税込）